AF456586

PÉTITION

adressée à la

SOCIÉTÉ DES NATIONS

par les

COLONS HONGROIS
de la commune Cruceni (Torontálkeresztes)

contre

L'ÉTAT ROUMAIN

1925

Ciacova, le 19 juillet 1925.

Au Conseil de la Société des Nations

à Genève.

Monsieur le Président,

Je me permets de Vous transmettre l'autorisation ci-jointe (Annexe I), munie de la signature de 129 colons hongrois de la commune Cruceni qui m'ont chargé de faire part à la Société des Nations des préjudices qu'ils ont essuyés par suite de l'expropriation complète de leurs établissements par le gouvernement de la Roumanie. **Annexe I.**

Je désire faire ressortir, que ce n'est pas l'article 10 de la loi agraire qui fut appliqué vis-à-vis de ces colons, comme c'était le cas pour les villages-colonies établis après 1885 et dont je me suis permis de Vous présenter la pétition le 25 février 1925. En effet, ces colons ne se trouvant pas encore transcrits dans le registre foncier, leurs petites propriétés furent expropriées dans leur totalité en vertu de litt. *a*) de l'article 7 de la loi agraire, comme propriété foncière appartenant au Fonds des Cultes hongrois, sans égard à l'acquisition faite par les colons. Le résultat en était que les colons hongrois de cette commune-colonie établie en 1868, furent dépouillés également et complètement de leurs biens fonciers.

Veuillez remarquer que cette colonisation remonte à une époque antérieure à la date de l'an 1885, établie dans la loi agraire elle-même comme la limite la plus reculée qui permette de toucher aux colons.

Il n'y a pas à dire, on a cherché — et trouvé — dans ce cas comme prétexte pour l'expropriation un autre endroit dans la loi que l'article 10 — vu que des endroits pouvant servir de prétextes n'y manquent pas.

Voici l'ensemble des faits:

La commune Cruceni, appelée en hongrois d'abord Keresztúr—Lászlófalva, nom qui fut changé plus tard à Torontálkeresztes, a été établie sur la propriété du Fonds des Cultes hongrois. La colonisation a été exécutée simultanément avec celle des communes Ötvösd (autrefois Eötvösfalva) et Conacul-Iosif (autrefois Józsefszállás). On employait

à Cruceni	1752	arpents[1] cadastraux,
à Conacul-Iosif . . .	961	„ „
à Ötvösd	1037	„ „

aux buts de la colonisation.

Ces colonisations furent autorisées sur la proposition du Ministère royal hongrois des Cultes et de l'Instruction Publique, chargé de la surveillance des biens des fondations publiques, dès le 3 février 1868 par Sa Majesté le Roi

[1] Ce texte se sert de l'expression „arpent" pour „jugar". Un „jugar" ou „jugar cadastral" = 0·5754 hectare.

François Joseph, souverain de la Hongrie à cette époque. En vertu de cette autorisation, la commune Cruceni fut colonisée dans la même année 1868 avec 78 ménages. Les 78 colons originaires ont reçu 9 arpents et 800 toises carrées de champs et 4 arpents et 90 toises carrées de pâturages par chef de famille et plus tard on distribua aux autres 78 familles issues des premières et dénommées: „familles des colons partiaires" (zsellér-család) 4 arpents et 800 toises carrées de champs et 3 arpents et 1135 toises carrées de pâturages par chef de famille.

La colonisation fut exécutée à Cruceni, comme à Ötvösd et à Conacul-Josif de manière qu'on donnait aux colons de simples baux à ferme sur les lopins
Annexe II. de terre. Nous ajoutons à la présente, comme Annexe II, un exemplaire de ces baux. L'annexe se rapporte à une petite colonie de 4 arpents et 800 toises carrées. Les baux des grandes-colonies ont absolument le même texte, à la seule différence qu'ils disposent de 9 arpents et demi.

La dernière phrase de l'article 1er de ce bail comprend la disposition: „qu'en cas du *rachat des biens fieffés* survenu entretemps éventuellement le bail pourra être résilié sans aucun dédommagement sur préavis de six mois."

Ce texte du bail nous garantit le droit de supprimer à tout moment nos petites colonies possédées en forme de baux à ferme sur préavis de six mois et de les racheter comme propriété définitive.

Le fait, qu'il ne s'agissait pas de simples baux à ferme, est prouvé par le titre même du bail, nommé *„bail à ferme de petits-colons"*.

Lors de la colonisation, les colons originaires de 1868 ont obtenu en outre un terrain à bâtir de 2 arpents, qu'ils on racheté en 1875 du Fonds des Cultes
Annexe III. hongrois. Nous présentons dans l'Annexe III un contrat de vente ayant rapport à ces terrains à bâtir, en faisant remarquer, que les soi-disant petits-colons, ayant eu 4 arpents et 800 toises carrées de champs, n'ont racheté qu'en 1891 leurs terrains à bâtir d'une étendue d'un arpent seulement.

En vertu de l'article 12 du contrat de vente annexé, daté de 1875, et se rapportant au terrain à bâtir appartenant à une grande-colonie, on assura aux acheteurs, en qualité de colons, l'exemption des impôts garantie par l'article 8 de la loi XXV de 1868.

Voici les stipulations de l'article 8 de la loi XXV de 1868: „Dans les nouvelles colonies l'impôt assis sur les terres devenues propriété définitive des colons et appartenant à la colonie, sera remis: pour 6 ans, si l'établissement se compose d'au moins 50 familles, et pour 3 ans, si le nombre des familles est inférieur à 50, mais au moins de 10."

Pour acquérir le droit de propriété définitive sur nos terres réellement acquise par la voie de colonisation en forme de baux à ferme renouvelables et renouvelés de six ans à six ans, nous avons fait, dès 1912, les pas nécessaires, comme il est prouvé par la proposition ministérielle ci-jointe,[1] en offrant pour les champs 900, pour les pâturages 500 couronnes à titre de rachat définitif, somme qui équivalait, en présence du prix du froment en 1912, se chiffrant par 16 à 20 couronnes par q, à la valeur de 45 q de froment. Ce n'était aucunement un prix de faveur, vu que, actuellement encore, la valeur des terres est bien inférieure convertie en froment. Comme il appert du rapport, notre offre d'achat fut accepté, et le Ministère royal hongrois de l'Instruction publique obtint, dès le 23 septembre 1913, l'autorisation suprême à transférer les immeubles inscrits dans le régistre foncier comme biens du Fonds des Cultes à l'Association Nationale des Sociétés de crédit foncier hongroises à Budapest, établissement de crédit, fonctionnant sur une base altruiste et dénommé, en conséquence, brièvement Banque Altruiste, *pour être revendus sans bénéfice aux colons* de Cruceni, Ötvösd et Conacul-Iosif.

Après ces prémisses, la Banque Altruiste délégua dans chacun de ces 3 communes un employé, et nous avons signé, en 1913 déjà, les déclarations de vente et commencé le paiement du prix de l'achat, heureux de pouvoir acquérir

[1] Annexe IV, voir ci-dessous.

le droit de propriété, inscrit dans les registres fonciers, des terres considérées jusqu'à présent aussi comme notre propriété. Il y a beaucoup d'entre nous qui ont versé le prix entier de l'achat, d'autres n'ont payé que des acomptes, vu que la banque accorda à tous les colons la faveur du paiement par fractions.

Mais au moment même, où les colons hongrois des trois communes susmentionnées, relativement le plus anciennement colonisées, étaient sur le point d'acquérir le droit de propriété inscrit dans le registre, nous fûmes transférés sous l'empire roumain. L'État roumain interdit, per le Règlement d'exécution à la Loi agraire (article 3, 1er alinéa), la répartition des propriétés dans le registre foncier et prévoyait l'expropriation des terres des colons figurant encore dans le registre comme propriété du Fonds des Cultes.

Ce qui nous arriva ensuite, ce ne fut qu'une série d'horreurs pour les pauvres colons. Le comité agraire du district de Modoş nous expropria en ne laissent que 3 arpents par colon, car il nous reconnaissait la qualité d'ayants-droit. Le comité municipal de Timişoara n'en tint pas compte, mais, ne nous accordant qu'un délai de 30 jours pour nous procurer de l'étranger la documentation des affaires remontant à 1868, déclara expropriés tous les immeubles figurant dans le registre foncier au nom du Fonds des Cultes. Il faut savoir, qu'à cette époque là, on avait besoin de près de 30 jours rien que pour se procurer le passe-port et les visa nécessaires pour aller à Budapest où les documentations exigées se trouvèrent. Malgré ces difficultés, nous parvînmes à nous procurer la déclaration du Ministère royal hongrois des Cultes et de l'Instruction Publique, le rapport ministeriel ci-joint (Annexe IV.) et les déclarations de **Annexe IV.** l'administration du Fonds des Cultes et de la Banque Altruiste. Nous les avons versés aux dossiers et en plus un grand nombre de quittances, attestant que non seulement nous avons acquis nos terres, mais que nous les avons payées presque en entier sous l'empire hongrois. Tout cela n'avait aucun effet. Le comité municipal exigea, en outre — comme si c'était le point décisif — des contrats de colonisation qui n'existaient pourtant nulle part lors des colonisations du premier type et faute de contrats de colonisation, on ne prit point en consideration notre existence, mais on nous déclara de simples fermiers. Nos terres furent expropriées sous le prétexte qu'elles se trouvaient inscrites dans le registre foncier au nom du Fonds des Cultes.

Pour caractériser le procédé superficiel de ce comité, nous soulignons le fait que l'école communale, notre église et même le cimetière étant inscrits au nom du Fonds des Cultes, furent expropriés dans leur totalité comme terres arables.

Il est vrai, qu'il y a lieu de recours en révision de cet arrêté au Comité agraire de Bucarest, que nous avons déposé, en effet, *le 10 août 1923* sous No. 25381. Or, le recours pour le révision n'a point d'effet dilatoire, et la décision de seconde instance doit être exécutée sans égard au recours.

Si notre affaire fut rapidement expédiée par le comité municipal, nous ne parvenons point à obtenir le décision de l'instance suprême, voilà deux ans. Toutes nos instances et nos sollicitations sont restées sans résultat.

La longue série des articles de journaux, le grand nombre des sollicitations présentées n'eurent aucun effet. Le soussigné se présentait, le 21 décembre 1923 à Timişoara, le 17 avril 1924 à Lugoj et le 21 septembre 1924 à Bucarest, en audience devant N. Cipeianu, Sous-secrétaire d'Etat à l'Agriculture, président du „Comitet agrar“ de Bucarest. Il promit chaque fois l'expédition la plus prompte, qui se fait pourtant toujours attendre. La demande de la révision, dont dépend l'existence de la population hongroise de trois communes, n'est pas expédiée à l'heure qu'il est.

La situation est aggravée par le fait, qu'aucun des colons des 3 communes ne fut inscrit sur les listes que l'on a dressées des ayants-droit. Il n'y a pas donc seulement que l'on veut traiter les colons en question différientiellement à l'égard des autres petits propriétaires de race roumaine, ayant des terres de la même étendue et auxquels on laisse leur paisible propriété, mais on les traite différentiellement aussi à l'égard de la population roumaine ayant titre de participer à la répartition des terres. Si l'on les prive de leurs terres — ce qui est en lui-même un traitement différentiel — on devrait les ranger au moins parmi les ayants-droit et leur attribuer la même quote-part qu'aux individus de la population roumaine. Le juste serait naturellement de ne pas toucher à leurs terres du tout.

M. le Sous-secrétaire d'État Cipeianu reconnut lui-même l'absurdité de la situation et lorsqu'il apprit, qu'on laissait les colons des trois villages sans aucun pouce de terre, il ordonna, qu'on laissât, jusqu'à décision définitive, à chaque colon le territoire dû à un ayant-droit.

Les trois communes les plus anciennement colonisées, expropriées dans leur totalité, se trouvent en fait dans des situations différentes.

La commune *Ötvösd* eut le sort le plus favorable, car les ayants-droit de la commune, et même ceux des localités roumaines et allemandes voisines ont déclaré reconnaître l'acquisition légitime des colons et refusaient d'accepter aucun lot des terres leur expropriées. Ainsi on n'enlevait point, de fait, les terres des habitants d'Ötvösd, vu qu'on ne pouvait les distribuer à personne. Par contre, on les obligea à signer des baux à ferme sur les terres expropriées en faveur de l'État, ce qui leur valut des dettes de plusieurs millions vis-à-vis de l'État. Aussi tous leurs biens sont frappés de séquestre jusqu'à concurrence de 3 ans de fermage, de sorte, qu'on peut les ruiner à tout moment en procédant à la vente aux enchères. Aussi les habitants d'Ötvösd n'osent point, à l'heure qu'il est, déposer leurs plaintes à la Société des Nations, bien que les organes de l'autorité, appelés à l'exécution des arrêtés, ne respectent pas même le décret de M. le Sous-cecrétaire d'État Cipeianu, de laisser la quote-part des ayants-droit gratuitement aux colons d'Ötvösd, fermiers, depuis trois ans, de leurs propres terres et frappés de saisie pour les fermages de trois ans, en tous leurs biens.

On a laissé à chacun des colons originaires de *Conacul-Iosif* 4 arpents. Ils ont reçu l'excédent à bail pour la campagne 1923/24 moyennant 120 kg de froment par arpent, qu'ils ne sont pas en état de payer, toutefois, par suite de la récolte extraordinairement défavorable. Aussi leur enlevait-on, dès l'automne 1924 les terres surpassant les 4 arpents, sans qu'on eût eu besoin de ces terres, les ayants-droit des communes voisines ayant été complètement satisfaits. Cette assertion est prouvée par le fait, qu'on ne pouvait disposer en automne 1924 autrement de ces terres expropriées qu'en les affermant aux Roumains de la commune voisine de Jebel pour 60 kg de froment au lieu de 120 — bien que les fermages accusent, à l'instar de la cherté, une tendance ascendante — évidemment parce qu'ils sont Roumains et non pas Hongrois.

Les colons hongrois de Conacul-Iosif ne pouvant assurer l'existence de leurs familles de 4 arpents et réduits à se soutenir comme journaliers, ont vu avec étonnement arriver dans leur commune au printemps 1925, un groupe de colons venant de la contrée d'Alba-Iulia et conduit par l'agronome de cette ville. C'étaient les nouveaux colons roumains que le gouvernement de la Roumanie se propose d'établir sur les terres enlevées aux colons hongrois de 1868. Les nouveaux colons en auraient reçu 10 arpents de champs et 2 arpents de pâturages chacun.

Un procédé aussi différentiel et étrange ne trouve son pareil sinon dans l'exemple mentionné plus bas. Avant d'avoir décidé, en troisième instance, sur le recours en révision des colons, s'y trouvant depuis deux ans, on met en cours une nouvelle colonisation et on apporte de contrées étrangères des Roumains, pour leur distribuer 10 arpents des terres enlevées aux Hongrois, tandis qu'on ne laisse à ces derniers que 4 arpents, ne suffisant qu'à préparer leur ruine.

Or, la mise en possession immédiate de ces nouveaux colons roumains ne réussit point, vu qu'à leur arrivée les fermiers roumains de Jebel ont déjà labouré les terres. On remit, par conséquent, la mise en possession des nouveaux colons roumains à après la moisson de 1925. Leur voyage, pourtant, n'était pas sans bénéfice. Ils ont appris que les 107 arpents de pâturages des colons hongrois leur appartiennent d'ores et déjà, et ils les ont affermés pour 19,000 leis aux colons hongrois eux-mêmes qui les possèdent depuis 1869.

La situation de la commune *Cruceni* n'est pas plus rassurante. Le lot des ayants-droit y est fixé à 3 arpents seulement, bien qu'on eût pu adjuger aux ayants-droit de cette commune hongroise le double de ce territoire, et cela sans aucune faveur spéciale, rien qu'en observant les dispositions légales. Dans la commune voisine Foeni il y a tant de terres expropriées, que la quote-part des ayants-droits y est de 5 arpents. Dans la commune Rudna, également voisine, le lot-type est de 6 arpents et après avoir satisfait toutes les exigences, il y restait encore un territoire de plusieurs mille arpents que l'État ne pouvait employer autrement qu'en affermant l'excédent à la société par actions „Societate agricola pe actiuni“ fondée spécialement pour ce bail.

Peut-on s'imaginer un traitement plus différentiel, quand l'article 93 de la loi agraire ordonne la satisfaction des ayants-droit suivant la situation géographique sans égard aux limites communales? Au mépris de la loi, les ayants-droit hongrois de Cruceni n'ont rien reçu des terres voisines de Rudna, leur lot fut fixé à 3 arpents, celui des ayants-droit roumains de la commune voisine à 6 arpents.

Mais les colons hongrois de Cruceni ont été traités non seulement d'une manière différentielle, mais aussi d'une façon inhumaine. Il ressort déjà de ce que je viens de dire, et dont le but est de les refouler de leur situation de petits propriétaires à celle de journaliers. Mais, il y a encore d'autres détails.

On leur a donné à eux aussi à bail pour un q de froment par arpent pour la campagne 1923—24 leurs terrains en tant qu'ils excédaient les 3 arpents qui leur furent laissés comme lot-type, et voilà la manière dont on leur exigeait le payment du fermage que l'on les avait obligés de payer pour leurs propres terrains.

Les receveurs ont fait leur apparition au village le 8 septembre 1924, jour de grande fête. Le matin du 9 septembre 1924 le Conseiller agraire de Timişoara accorda aux colons un délai de 14 jours pour le règlement du fermage. Ce délai fut révoqué par la même autorité le jour-même à 5 heures de l'après-midi et la commune se vit forcée de livrer, le 10 septembre 1924, les 6 wagons de froment, provenant de cette récolte si défavorable, ce qui eut pour conséquence qu'un grand nombre de colons n'avaient plus ni pain, ni semence.

Par suite de l'octroi et de la révocation du délai de la part du Conseiller agraire de Timişoara, les chemins de fer mirent en compte une surestarie de 3515 leis, faisant l'objet d'un procès intenté par les Chemins de fer de l'État de la Roumanie à la commune Cruceni devant la Justice de paix de Timişoara sous No. C 4752/1925.

Pour la campagne 1924/1925 les colons de la commune Cruceni durent également s'obliger à payer un fermage d'un q de froment par arpent. Quand, pourtant, les terres se trouvaient déjà labourées, l'État fit venir du comitat Alba-Inferiora 80 colons roumains, auxquels on distribua 10 arpents de champs et 2 arpents de pâturages des terres des colons hongrois. Vu pourtant, que ces mêmes terres, appartenant aux colons hongrois, étaient déjà affermées à eux-mêmes, on leur fit procés court, et les obligea à livrer les 1 q de froment par arpent aux nouveaux colons qui se bornaient à laisser à Cruceni un représentant chargé du contrôle des colons hongrois, et ceux-ci furent obligés à livrer entre les mains de ce représentant 1 q de froment par arpent de la récolte à obtenir sur leurs propres terres au prix d'un labeur pénible pour les nouveaux colons roumains qui auront sans travail ce bénifice. C'est presque l'attribution d'un esclave hongrois à chaque nouveau colon roumain.

La situation ne tardera pas de devenir encore plus pénible en automne. Les nouveaux colons roumains arriveront d'une distance de plusieurs centaines de kilomètres pour prendre possession des terres des colons hongrois, et alors ceux-ci se verront réduits à 3 arpents, pour qu'on puisse distribuer de leurs terres aux nouveaux colons roumains 10 arpents de champs et 2 arpents de pâturages. Est-ce que c'est une réforme agraire?

La situation désespérée des colons hongrois se trouve aggravée encore par le fait, que l'inspecteur général Moroianu qui fut envoyé comme délégué du gouvernement pour la vérification de notre affaire, déclara, entre autres, dans son rapport au „Comitet agrar", que les colons de la commune Cruceni appartiennent au nombre des colons qui ont porté plainte contre le Gouvernement roumain à la Société des Nations.

M. Constantin Diminesco, sénateur du parti gouvernemental qui a accueilli jusqu'à présent avec une grande bienveillance l'affaire des colons hongrois, apporta de Bucarest le 5 juillet 1925 la nouvelle, que les affaires des trois communes plus anciennement colonisées vont mal, vu que la plainte de ces communes portée à la Société des Nations avait produit un fort mauvais effet sur le „Comitet agrar". M. le sénateur Diminesco exprima, en conséquence, son désir, que les trois communes présentent, dans le plus court délai, une requête, dans laquelle elles protestent contre l'assertion de M. l'inspecteur Moroianu comme si ces trois communes avaient porté plainte devant la Société des Nations, moyennant quoi M. le sénateur Diminesco faisait espérer, qu'il présentera lui-même la requête des 3 communes à Bucarest et que, dans huit jours, il rapportera la décision favorable.

Je soussigné qui suis chargé en ma qualité d'avocat aussi de la représentation des affaires de ces trois communes devant les autorités agraires roumaines, déclarai aussitôt à M. le sénateur Diminesco, que je ne saurais permettre aux colons que la signature d'une requête, dans laquelle ils déclarent, qu'ils n'ont porté aucune plainte *jusqu'à présent*. M. le sénateur Diminesco me conseilla alors de ne pas pousser les choses à l'extrême, car la mentalité roumaine prendrait en mauvaise part de ces colons, s'ils portaient plainte et qu'il ne serait qu'au préjudice de la cause, si je faisais ressortir le mot *jusqu'à présent* dans la requête.

Ces prémisses étant données, nous sommes convenus, moi, soussigné et M. le sénateur Diminesco, de rédiger la requête de manière à déclarer, que les colons des trois communes n'ont porté aucune plainte. Les délégués des colons pouvaient de bonne foi signer cette déclaration, d'autant plus, qu'ils espéraient que son arrivée assurerait la décision favorable et il serait superflu de s'adresser à la Société des Nations.

Par conséquent, j'adressai au nom des trois communes de colons une requête au „Comitet agrar" dans laquelle j'exposai, que la partie du rapport de M. l'inspecteur général Moroianu, comme si les trois communes Cruceni, Ötvösd et Conacul-Iosif avaient également porté plainte à la Société des Nations, n'est pas conforme à la réalité. Elles ont signé cette déclaration dans l'espoir, qu'elles obtiendront dans les huit jours la décision favorable. J'ajoute, que cette déclaration ne signifie d'aucune façon, comme si les colons eussent renoncé à leur droit de porter plainte à l'avenir, si la décision juste n'arrivait pas.

L'épisode ci-dessus qui ne donnait aucune impulsion aux choses, vu que nous manquons toujours de décision, dut être ressorti, afin que notre Gouvernement ne tirât de notre dernière requête la conclusion erronée, que les colons ne connaissent point la plainte présente c'est-à-dire que je l'eusse déposée à leur insu.

Tout cela nous plonge dans une situation, où, après un retard de deux ans à compter de l'expédition de notre recours en révision, nous sommes destinés à la ruine et il ne nous reste que l'émigration, peut-être même dans le cas, où, à une date postérieure quelconque, la dernière instance déchargait nos terres de l'expropriation.

Relativement aux colons établis après 1885, le gouvernement roumain a avancé l'opinion que les gouvernements hongrois faisaient de la politique dans leurs actions de colonisation, en établissant des Hongrois dans le voisinage des communes roumaines. Je faisais déjà ressortir qu'il ne nous appartient pas de discuter cette question.

Le Gouvernement roumain s'exprime dans sa réponse datée du 27 avril 1925, faite à la pétition des colons établis après 1885 de la manière suivante, (Voir 1-ère page):

„Une partie de ces colonisations a été faite avant 1885 et elle avait pour but la mise en valeur des régions manquant de bras. Les colons établis jusqu'à cette date ont acquitté intégralement leurs lots et sont restés propriétaires définitifs".

Nous sommes prêts à reconnaître, que l'établissement des communes Cruceni, Ötvösd et Conacul-Iosif en 1868 n'avait qu'un but économique. Mais alors nous sommes dans notre bon droit de demander, pourquoi l'on n'a pas laissés intacts nos établissements antérieurs à 1885?

Nous avons d'autant plus le droit de poser cette question que, comme nous l'avons déjà mentionné, l'abondance des terres disponibles dans nos environs aurait rendu tout à fait inutile notre expropiation. A Ötvösd, les ayants-droit de la commune et des environs ont déclaré — comme nous venons de le dire — qu'ils renoncent à nos terres. Il n'y avait d'ayants-droit, non plus, pour les territoires expropriés de Conacul-Iosif et l'État ne put les mettre en valeur qu'en les affermant et à y établissant des colons étrangers, tandis que pour notre commune, nous avons démontré d'une manière détaillée, que les communes voisines à nous possèdent plus de terres que nous-mêmes.

Et par-dessus tout, malgré les 57 ans écoulés depuis l'établissement des 3 communes, nous éprouvons à notre propre situation, que non seulement cette distinction légale entre colonies d'avant 1885 et d'après 1885 ne fut pas respectée par le Gouvernement roumain, mais aussi aucun des prétendus avantages énumérés dans la réponse que le Gouvernement roumain a donnée à la pétition des colons hongrois d'après 1885 et auxquels ces colons auraient participé, ne furent appliqué à nous, tout aussi peu qu'ils ne furent appliqués du reste aux colons d'avant 1885 non plus. En effet:

1. A l'exception de notre lopin de terre comprenant l'habitation, on expropria tous nos immeubles, y compris les vignobles et autres prétendus territoires exempts.

2. Les achats mutuels n'ont pas été pris en considération, bien qu'il y eut eu depuis 1868 de nombreux achats qui ne furent pourtant respectés.

3. On n'a laissé pas même le lot-type des propriétés acquises par voie de succession, bien que pendant les 57 ans écoulés depuis la colonisation, la plupart des colons originaires ayent décédé et leurs héritiers soient devenus leurs successeurs.

Tout ce qui a été dit, forme des griefs graves de minorité, vu que les habitants de la commune Cruceni sont de race et de langue hongroise sans exception.

Considéré, que l'arrivé des nouveaux colons roumains est signalé pour le mois d'août, et que le passage de nos terres en leurs possession va embrouiller la situation, de façon, qu'il sera douteux si nous pourrons jamais recouvrer nos terres des nouveaux colons roumains, même si nous obtenons jamais la décision de la troisième instance et que nous parvenons à faire décharger nos terres, considéré en outre, que nous nous trouvons en présence de la ruine complète de 129 familles d'une commune, de race purement magyare, ruine qui sera partagée avec les colons de deux autres communes, je me permets de formuler la demande:

1. de bien vouloir saisir le Conseil de la Société des Nations de cette nouvelle affaire que je viens d'exposer,

2. de bien vouloir ordonner la délibération urgente sur la pétition présente,

3. d'en faire part au Gouvernement roumain et de l'inviter à suspendre tout procédé ultérieur jusqu'à la décision définitive, d'autant plus que d'après la déclaration de M. le Ministre roumain Titulesco, faite au sein du Conseil à sa session du mois de juin, le Gouvernement roumain veut garantir lui-même — sans une décision du Conseil — le statu quo relativement à la propriété des colons jusqu'au règlement définitif des plaintes déposées à la Société des Nations.

(Signé) *Jules Tornya*

Avocat à Ciacova, en Roumanie, an nom des colons hongrois du village-colonie Cruceni.

Annexe I.

Autorisation.

Nous soussignés colons hongrois de Cruceni, nommé antérieurement Keresztúr-Boldogfalva et Torontálkeresztes, village sis dans le département Timiş-Torontal, Roumanie, donnons plein pouvoir à M. l'avocat Dr. Jules Tornya établi dans le village Ciacova (Roumanie) qu'il supporte et soutienne nos intérêts selon ses avis devant la Société des Nations et les sous-commissions de celle-ci, ainsi que devant la haute Cour permanente de Justice Internationale et qu'il puisse, se fondant sur ce plein pouvoir, le cas donné, confier nos intérêts à un autre avocat.

Lu, interprété, approuvé et souscrit de plein accord.

Cruceni, le 15 juillet 1925.

Vincsi Márton
Vigh András
Lábadi György
Lábadi Mihályné
Ábrahám Pálné
Laza Márton
Baksa András
Kazi György
Csiszár István
Molnár György
Pósa György
Lima Mihály
Farkas István
Bakos János
Luncz György
idős Mészáros István
Mészáros János
Juhász István
Tóth András
Peregi József
Mónár Imre
Komlós Mihály
Bábec Fáni
Nadrasi András
Nagy Mátyás
Mlihilik Imre
Tót József
Sipos János
Szőke Józsefné
Lábadi István
Mészáros József
Pintér János
ifj. Mészáros István
Mihályfi Mátyás
Kubik Dávid
Kardos István
Liptai István
Kováts István
Madarász András
Lukó Károly
Nagy József
Kosza Andrásné
Garai István
Folti István
Juhász József
Tasi Mátyás
Kováts János
Varga János
ifj. Baker István
Samor Ferenc
Kalmusz János
Szebes Gáspár
Viala István
Vigh Márton
Vigh György
Szász Ferenc
Horváth András
Kovács András
Péter István
Mészáros Pál
Szeles Mátyásné
Mike József
Csanádi Józsefné
Sándor András
ifj. Mészáros János
Luko András
Peták József
ifj. Szabó István
Sztanics Pál
id. Szél Ferencné
Berta Pál
Konyhai János
Bakos Péter
id. Bakos István
Vincze Margit
Sági Dezső
Nagy Mihály
Mihák Józsefné
Jásza Jánosné
Kubik Mátyásné
Hadik Lőrinc
Kérges Pál
Fajka Imre
Mészáros Istvánné
Kérges József
Bérci János
Bakos Lőrinc
Wéber Ferenc
Somogyi Pál
Kérges Mihály

Mészáros György
Bakos Jánosné
Bakos József
id. Damján János
Damján Albert
Pranda István
Biczok Istvánné
Somogyi János
ifj. Damján János
Mészáros Rozália
id. Szücs András
Sipos Ernő
Patyi Péter

Csanády János
Csanády Jánosné
Bálint Jánosné
Bálint Péter
Muka Vendel
Oláh Lipótné
Masa József
Bakos Mihály
Sipos Antal
Bacsik István
Nacsa Jánosné
Somogyi Antal
Körmösy István
Kapusi György

Szaloki Mihályné
Csámangó János
id. Thot András
Berta Antal
Belovai János
Tészla Pál
Nacsa Mári
Venczel Antalné
Lajos Jánosné
Kovács Jánosné
Sztanics István
Farkas Katalin
Tamás Istvánné

Bail à ferme de petit colon de la commune Keresztes.

Conclu d'une part entre la direction des fonds publics à Csák, représentant le Fonds des Cultes hongrois, bailleur, d'autre part entre Joseph Peregi et sa femme, Marie Lara, demeurant à . . . . preneurs à ferme, sous réserve de l'approbation du Ministère royal hongrois des Cultes et de l'Instruction Publique.

Il a été fait et convenu ce qui suit:

1. La Direction des fonds publics à Csák en sa qualité de représentant du Fonds des Cultes hongrois, donne à bail le champ d'une étendue de 4 arpents et de 800 toises carrées et un pâturage de 3 arpents et 1135 toises carrées, en somme donc 8 arpents et 335 toises carrées, appartenant au terrain à bâtir No. 9 de petite colonie et se trouvant dans les confins de la commune Torontál-Keresztes, à Joseph Peregi et sa femme Marie Lara pour six ans consécutifs à compter du 1 octobre 1912, soit jusqu'au 30 septembre 1918, de manière que le présent bail engage les preneurs à ferme immédiatement, le domaine-bailleur par contre à partir de l'approbation de l'autorité supérieure seulement. *Il est arrêté en outre catégoriquement, qu'en cas du rachat des biens survenu entretemps éventuellement, le bail pourra être résilié sans aucun dédommagement sur préavis de six mois.*

2. Le prix de fermage annuel est fixé pour tous les établissements à 20, soit vingt couronnes par arpents calculés par 1600 toises carrées pour les champs, et de 12, soit douze couronnes par arpents calculés par 1600 toises carrées pour les pâturages, de sorte que le prix de fermage à payer annuellement monte à 134 couronnes et 50 fillers, soit cent-trente-quatre couronnes et 50 fillers, payables par les preneurs à ferme en une fois et en une somme le 1er septembre de chaque année au trésor central du Fonds des Cultes à Budapest, franc de port et de charge, avec les timbres de quittance. Pour le prix de fermage retardataire des intérêts moratoires de 4% seront à payer au domaine.

3. Tous les impôts grevant le territoire en possession des preneurs à ferme seront à la charge du domaine.

Toutefois, les petits-colons de Keresztes sont tenus à payer annuellement, avec le prix de fermage échéant, 15 couronnes à titre de forfait d'impôt complémentaire, et 10 couronnes et 10 fillers à titre de forfait de la répartition annuelle des frais de drainage des eaux intérieures du Tamisatz.

Les preneurs à ferme s'obligent en outre à assumer toutes les charges publiques du caractère des prestations en nature.

4. Il est interdit de fabriquer des briques dans le territoire pris à ferme, ou de manufacturer la terre de n'importe quelle autre façon.

5. Les preneurs à ferme ne sont autorisés à transférer le fermage à de tierces personnes, qu'avec l'assentiment du domaine bailleur et seulement pour les raisons suivantes:

a) en cas du décès du parent preneur à ferme, pour le partage entre les héritiers;

b) en cas de la ruine matérielle du colon, si son passif surpasse les 1000 couronnes;

c) par suite de l'âge avancé du preneur à ferme, à savoir, si parmi les preneurs à ferme le mari a passé les 60, la femme les 50 ans;

d) en cas d'infirmité du fermier.

6. Les preneurs à ferme sont tenus à transporter pendant la durée du bail à $^1/_6$ partie du territoire pris à ferme — soit pendant la durée entière du bail au territoire entier pris à ferme — jusqu'au 1er avril de chaque année 48 charretées d'engrais d'étable mûr, et d'en donner avis avant le labourage des terres à la direction du domaine à Csák; l'engrais ne pourra être mélangé dans la terre qu'après six jours à compter de la date de l'avis, si la direction n'est venue entretemps pour vérifier personnellement le fumage. L'omission ou l'exécution insuffisante du fumage est frappée d'une amende de 100 couronnes par arpents cadastraux.

Il est défendu l'ensemencer le même territoire dans deux années consécutives de semailles d'automne sous peine d'une pénalité de 100 couronnes par arpent.

7. Les preneurs à ferme sont tenus à entretenir les dérayures, dont ils assument la responsabilité solidaire, puis à entretenir proprement leurs pâturages, les nettoyer de toutes sortes de mauvaises herbes, épines et des taupinières.

L'inobservation de ces obligations sera frappée dans tous les cas d'une amende de 40 couronnes.

8. Les preneurs à ferme n'enverront sur les pâturages pris à bail que les bestiaux formant leur propriété, il est, par conséquent, interdit d'y donner accès à des animaux étrangers. L'infraction à cette disposition sera frappée d'une amende de 20 couronnes par têtes d'animaux étrangers.

9. Après le décès du preneur à ferme, le bail passe à ses héritiers. Toutefois l'assentiment du Ministère royal hongrois des Cultes et de l'Instruction Publique est exigée, et les intéressés devront le demander, le cas échéant.

10. Dans l'intérêt du contrôle des stipulations du bail, les preneurs à bail sont obligés à permettre à n'importe quelle date l'examen des lieux loués par les employés du domaine, à leur fournir les éclaircissements requis, et à prêter l'attelage nécessaire.

11. Il est interdit aux preneurs à ferme de supprimer des voies de communication légitimes, d'en ouvrir de nouvelles sans l'assentiment du domaine, en un mot de grever l'objet du bail de n'importe quelle prestation, ou de cacher l'intention semblable d'autrui. Bien au contraire, il leur est enjoint de porter toute intention semblable immédiatement à la connaissance de l'administration du domaine.

12. La femme du preneur à ferme étant obligée de signer également le bail présent en qualité de fermière, de droits et d'obligations égaux, elle est solidairement responsable avec son mari pour l'observation des conditions de bail, et elle s'en porte garante avec tous ses biens retrouvés n'importe où; dans le cas, où le colon se marierait après la mise en vigueur du bail, il s'oblige à faire signer le bail par sa femme aussi dans le délai de 6 semaines à compter de son mariage.

13. En cas d'inobservation de n'importe quelle obligation assumée par le présent bail, le domaine bailleur sera autorisé à éloigner brièvement les colons des territoires pris à ferme, et à se dédommager de leurs biens retrouvés n'importe où.

14. Concernant les procès de n'importe quelle nature, les exécutions à titre provisoire, les saisies, en un mot toutes les questions litigieuses qui pourraient surgir du présent bail, les colons preneurs à ferme se soumettent au tribunal à choisir librement par l'administration royale des Fonds publics, surtout pour ce qui concerne les procès intentés pour les prix de fermage en retard et la fixation des indemnités, sans égard à l'importance de l'exigence, et le colon preneur à ferme accepte toute procédure sommaire prévue par la loi XVIII de 1893, ou celle qui la remplacera éventuellement en vertu d'un amendement apporté par la législation. Si, au contraire, le colon preneur à ferme désirait intenter un procès de n'importe quelle nature au domaine, il ne pourra prendre les mesures juridiques qu'en observent les lois générales sur la compétence

des tribunaux, et seulement devant le tribunal fonctionnant au siège de l'administration des fonds publics ou de l'un de ses bureaux.

15. La vénerie à exercer dans le territoire mis à ferme forme l'objet d'un bail spécial.

16. Le présent bail fut rédigé en deux minutes et en trois copies. Deux des copies sont également timbrées. Les droits de timbre et les taxes grevant le bail sont à la charge des preneurs à ferme.

Signé en présence de deux témoins par les parties contractantes et muni par leurs timbres.

Fait à Csák, le 30 mai 1912.

De la part du domaine:

Signature illisible

Inspecteur royal des fonds publics.

Timbre.

Joseph Peregi m. p.

Marie Lara m. p.
preneurs à ferme.

Antoine Pordaik m. p.
témoin.

Emeric Fajka m. p.
témoin.

No. 136166.

Approuvé
Budapest, le 24 octobre 1912.

par ordre du Ministre:

Signature illisible

Chef de division, directeur des fonds publics. Cachet.

Annexe III.

Contrat de vente

conclu d'une part entre le Domaine de fonds public de Csákova, faisant partie du Fonds des Cultes, vendeur — d'autre part entre Etienne Tamás demeurant à Alsács, acheteur, à la date ci-dessous à condition de l'approbation ultérieure du haut Ministère royal hongrois des Cultes et de l'Instruction Publique.

Il a été fait et convenu ce qui suit:

1. Le sus-nommé Domaine du Fonds des Cultes à Csákova vend le terrain à bâtir se trouvant dans la commune de Keresztúr-Lászlófalva, sous No. 11, inscrit sous Nos. topographiques dans le registre foncier No. ...., d'un développement de 2 arpents à 1600 toises carrées, à Etienne Tamás et à sa femme Cathérine pour le prix de 150 florins aut. par arpents, soit pour 300 florins aut. les 2 arpents, en propriété définitive et immuable, à condition, que:

2. Les acheteurs s'obligent à verser le prix d'achat ci-dessus de 300 florins pendant 15, soit quinze ans suivant le plan d'amortissement se trouvant à la dernière page du présent document, en espèces, à la caisse de Csákova où à n'importe quelle autre caisse désignée par le domaine, aux termes fixés dans le plan d'amortissement; les acheteurs s'obligent en outre à payer en cas de l'inobservation des termes fixés dans le plan d'amortissement, des intérêts moratoires de 6 pour cent.

3. Le lot de terrain vendu en vertu du présent contrat de vente peut être immédiatement transcrit au registre avec le droit de possession aux noms des acheteurs, à condition, qu'au même moment, où le lot de terrain vendu est transcrit comme propriété des acheteurs, le prix d'achat total de 300 florins aut. soit inscrit comme premier poste dans le registre du conservateur des hypothèques, à la charge des acheteurs et au crédit du domaine de Csákova; en conséquence le domaine de Fonds public de Csákova consent, par la présente, à ce que les deux arpents de terrain à bâtir inscrits dans le registre No............ sous Nos. topographiques............ soient transcrits sans interrogatoire ultérieur avec droit de propriété à Etienne Tamás et à sa femme Cathérine acheteurs, à condition, qu'en même temps avec cet acte le prix d'achat total, soit 300 florins aut. soit inscrit comme premier poste dans le registre du conservateur des hypothèques, au crédit du domaine de Fonds public à Csákova et à la charge des acheteurs sus nommés, d'autre part les acheteurs déclarent consentir par la présente à ce qu'à l'occasion de la transcription du droit de propriété à leurs noms, le prix de l'achat entier de 300 florins aut. soit inscrit contre eux et à leur charge comme premier poste dans le registre du conservateur des hypothèques, comme garantie au crédit du domaine de Csákova.

4. Dans le cas, où les acheteurs auraient l'intention de verser, avant l'écoulement des 15 ans fixés dans le contrat, la somme entière du prix de l'achat, ce droit leur est accordé, et ce versement fait, la permission de radiation leur sera délivrée.

5. Dans le cas, où les acheteurs ne feraient point face aux conditions fixées dans le contrat de vente présent, ou qu'ils négligeraient un seul terme de paiement, non seulement qu'ils perdront la partie du prix de l'achat déjà acquittée, mais le domaine sera autorisé à se dédommager jusqu'à concurrence du reste du prix de l'achat non encore versé, et sans égard au plan d'amortissement, soit de la propriété vendue, soit des biens meubles et immeubles retrouvés n'importe où, des acheteurs,

qui assument par la présente obligation et caution solidaires ; dans ce but les acheteurs autorisent le domaine à inscrire le présent contrat de vente à leurs autres immeubles aussi, situés n'importe où, et renoncent en même temps par la présente à tout droit de dédommagement et de réclamation vis-à-vis du domaine.

6. Le domaine ne se porte aucunement fort pour la mesure de superficie du registre, aussi les acheteurs ne pourront former aucune prétention de ce chef contre le domaine.

7. Les taxes fiscaux payables par suite de ce contrat, de même que les droits de mutation et les timbres de toute nature seront à la charge des acheteurs, et ne sauront être défalqués du prix de l'achat.

8. Les contributions de toutes sortes grevant le lot de terre vendu seront à la charge des acheteurs, et le domaine n'est responsable vis-à-vis des acheteurs en cas d'aucun fléau de la nature survenu.

9. Les acheteurs s'obligent jusqu'à l'acquittement complet du prix de l'achat vis-à-vis du domaine, de ne pas charger les édifices à bâtir sur le terrain acheté d'aucune dette, ni de grever ces bâtiments par aucune inscription de droit de propriété ou de gage, soit par prénotation, soit par transcription. Aussi déclarent-ils par la présente, qu'en tant qu'une prénotation ou transcription serait accordée à n'importe qui, elle serait à considérer nulle pour le domaine, étant en contradiction avec le présent contrat.

10. Concernant les procès de n'importe quelle nature qui pourraient surgir du présent contrat de vente, les parties conviennent de ce que ces procès pourront être intentés devant .... et s'il s'agissait éventuellement du recouvrement du prix de l'achat non acquitté, celui-ci pourra être exigé par procédure sommaire orale, sans égard à l'importance du montant; pour ce cas les acheteurs renoncent, par la présente, solennellement à toute voie de recours, y compris les appels et les pourvois en cassation de toute nature, ils renoncent de même au droit de désigner en cas d'exécution l'objet sur lequel l'exécution doit se porter.

11. *En leur qualité de colons, les acheteurs pourront se prévaloir devant l'autorité compétente, du bénéfice de l'exemption des impôts pour 6 ans en vertu de l'article 8 de la loi XXV de 1868.*

12. Le présent contrat engage les acheteurs à partir de la signature, le domaine vendeur par contre à partir de l'approbation de l'autorité supérieure seulement.

Fait double pour garantie mutuelle des droits des parties.

Fait à Csákova, le 16 novembre 1875.

Antoine Bede m. p.
gérant.

Signature illisible m. p.

Timbre

Etienne Tamás
et sa femme
Cathérine

Charles Rothschar m. p.
témoin et témoin signataire.

Joseph Lakatos
témoin.

Plan d'amortissement.

Numéro d'ordre	Spécification	Termes de l'amortissement	Pour				Au total par an	
			prix de l'achat		intérêts 6%			
			fl.	kr.	fl.	kr.	fl.	kr.
1	Intérêts du prix d'achat entier . . .	1869	—	—	18	—	18	—
2	" " " " " . . .	1870	—	—	18	—	18	—
3	" " " " " . . .	1871	—	—	18	—	18	—
4	" " " " " . . .	1872	—	—	18	—	18	—
5	" " " " " . . .	1873	—	—	18	—	18	—
6	I-ère partie du prix	1874	30	—	—	—	—	—
	Intérêts de 300 florins	1874	—	—	18	—	48	—
7	II-e partie du prix	1875	30	—	—	—	—	—
	Intérêts pour 270 florins	1875	—	—	16	20	46	20
8	III-e partie du prix	1876	30	—	—	—	—	—
	Intérêts pour 240 florins	1876	—	—	14	40	44	40
9	IV-e partie du prix	1877	30	—	—	—	—	—
	Intérêts pour 210 florins	1877	—	—	12	60	42	60
10	V-e partie du prix	1878	30	—	—	—	—	—
	Intérêts pour 180 florins	1878	—	—	10	80	40	80
11	VI-e partie du prix	1879	30	—	—	—	—	—
	Intérêts pour 150 florins	1879	—	—	9	—	39	—
12	VII-e partie du prix	1880	30	—	—	—	—	—
	Intérêts pour 120 florins	1880	—	—	7	20	37	20
13	VIII-e partie du prix	1881	30	—	—	—	—	—
	Intérêts pour 90 florins	1881	—	—	5	40	35	40
14	IX-e partie du prix	1882	30	—	—	—	—	—
	Intérêts pour 60 florins	1882	—	—	3	60	33	60
15	X-e partie du prix	1883	30	—	—	—	—	—
	Intérêts pour 30 florins	1883	—	—	1	80	31	80
	Somme totale	—	300	—	189	00	489	00

No. 2870.

Approuvé

Budapest, le 12 mars 1876.

Le Ministre royal hongrois des Cultes et de l'Instruction Publique.

Cachet. *Trefort* m. p.

Sire,

Sur le territoire de la propriété de Csák appartenant au Fonds des Cultes hongrois, il a été fondé trois villages-colonies en l'année 1868, à savoir: Torontál-Keresztes, Józsefszállás, Eötvösfalva.

Leur colonisation a été effectuée de façon que les terrains situés à l'intérieur des villages, sur lesquels la maison et les édifices économiques ont été construits, ont été vendus définitivement avec la cour et le verger à un prix modique aux colons par l'administration du domaine, tandis que les labours, champs et pâturages leur ont été cédés à ferme de 3 ans en 3 ans à un fermage minime.

Ont été affermés ainsi: à Torontálkeresztes 1752 jug. cad., à Józsefszállás 967 jug. card. et à Eötvösfalva 1737 jug. cad.

Les colons payaient comme fermage par an et par jug. cad. 16, 14 et 12 couronnes pour le labour, 10 couronnes pour le pâturage, de même qu'une modique somme forfaitaire en guise d'impôt; la plus grande partie des charges publiques et les contributions pour la régularisation des eaux, en un mot toutes les charges publiques, ont été supportées par l'administration du domaine elle-même. Ainsi le revenu net des trois propriétés s'est constitué de façon que, les frais d'administration (5%) mis à part, il atteignait, aux anciennes colonies de Torontál-Keresztes 7 couronnes 27 fillers, aux colonies de journaliers de Torontál-Keresztes 4 couronnes 45 fillers, à Józsefszállás 8 couronnes 87 fillers, à Eötvösfalva 8 couronnes 36 fillers par an et par jug. cad.

Même si l'on considère que le fermage du labour a été élevé pour l'année courante à 20 couronnes par jug. cad., cette somme n'est en aucune manière en proportion avec la valeur de ces territoires; car si l'on en évalue la valeur même à une somme inférieure au prix de vente du marché actuel, rien que les 4% de cette valeur évaluée si modestement, dépasseraient au moins du double son revenu actuel.

Les considérations précédentes, ainsi que l'expérience qui prouve que les colons cultivent mal, insouciamment et sans courage les terres *affermées* qu'ils ne possèdent pas en propre, et qu'ainsi ils ne réalisent pas le revenu que l'on pourrait atteindre dans ces régions, ont suggéré à mon prédécesseur l'idée d'entamer des négociations avec ces communes de colons en vue de céder les colonies à bail emphytéotique.

Ces négociations ont abouti; nous avons réussi à nous entendre avec les colons fermiers au sujet des prix d'achat de manière à ce qu'ils ont accepté comme prix d'achat définitif par jug. cad. à Torontál-Keresztes 900 couronnes pour la terre de labour, 300 couronnes pour le pâturage, à Józsefszállás 600 couronnes pour la terre de labour, 450 couronnes pour le pâturage, à Eötvösfalva 600 couronnes pour la terre de labour et 500 couronnes pour le pâturage.

Comme cependant les communes des colons n'ont pas d'argent comptant et en outre ils ne peuvent prétendre aux faveurs assurées par le Ministère de l'agriculture aux achats des pâturages communs que dans le cas où cet acte serait exécuté par l'Association des Instituts de Crédit Foncier Hongrois, placée sous le contrôle du Ministère des finances et du Ministère de l'agriculture, j'ai ordonné que ces propriétés fussent achetées par la susdite Association des Instituts de Crédit Foncier avec cette obligation cependant qu'elle les cède aux fermiers actuels par individu et par lot après l'inscription hypothécaire de l'emprunt d'amortissement sur les lots achetés.

De cette manière s'est accompli le désir ancien des colons fermiers d'acquérir définitivement les terres qu'ils avaient cultivées en ferme, d'autre part le Fonds des Cultes reçoit pour 3 propriétés à peu près improductives une somme telle, que transformée en titres où en achat de propriété, elle représente un revenu important qu'on ne saurait même comparer au revenu actuel.

En effet, conformément au relevé de ma Cour des Comptes ci-joint sous ·/. le revenu net atteignait dans toutes les trois propriétés 36,595 couronnes 36 fillers, tandis que les trois contrats de vente ci-joints sous 2*A*, 2*B* et 2*C* assurent le prix d'achat de 2 590,690 couronnes 5 fillers, dont l'intérêt (4½%) garantit le revenu net de 112,936 couronnes 65 fillers, ce qui représente au profit du Fonds des Cultes un surplus de 75,346 couronnes 69 fillers.

Je me permets encore de faire cette observation humble que le projet de ces contrats de vente a été porté par mon prédécesseur à la connaissance du comité de contrôle et de surveillance du Fonds des Cultes et de l'Instruction Publique et que celui-ci y a donné son consentement par note du 18 mai 1912 No. 28/1912. ci-jointe sous *B*.)

Afin d'assurer l'accomplissement d'un acte si avantageux pour le Fonds des Cultes et d'une importance sociale si considérable de rendre possible d'autre part le développement religieux de la population catholique romaine de Torontál-Keresztes, j'ai cédé sans rien recevoir en retour l'ainsi nommé Kulturföld, ayant l'étendue de 37 1339/1600 jug. et le revenu capitalisé de cette terre, dans l'espoir d'obtenir l'autorisation suprême de Votre Majesté Apostolique Impériale et Royale, au village Torontál-Keresztes en vue de fonder et d'entretenir une paroisse catholique romaine et d'assurer les revenus du curé de la paroisse en stipulant cependant que le Fonds des Cultes fût exonéré des charges de patronage concernant la paroisse et l'Église qui sera construite avec l'utilisation du subside de 35,000 couronnes avancé par le Fonds des Cultes.

Cette donation n'est pas seulement nécessaire, mais encore elle est juste et équitable car l'ainsi nommé Kulturföld situé à Torontál-Keresztes a été détaché lors de la fondation de la colonie avec cette même destination.

Conformément à ce qui précède et considérant que les contrats de vente conclus par l'administration des Fondations Publiques au nom du Fonds des Cultes ne sont pas susceptibles de défense,

j'adresse la prière à Votre Majesté Apostolique Impériale et Royale d'accorder sa haute permission que la propriété possédée en bail par les habitants du village de colons Torontál-Keresztes et ayant l'étendue de 1720 1394/1600 jug. soit vendue pour le prix de 1.309,213 couronnes 14 fillers, que la terre possédée en bail par les habitants du village-colonie Józsefszállás et ayant l'étendue de 981 1533/1600 jug. soit vendue au prix de 562,705 couronnes 90 fillers et que la terre possédée en bail par les colons du village Eötvösfalva et ayant l'étendue de 1084 1128/1600 jug. soit vendue au prix de 637,770 couronnes 16 fillers à l'Associaton des Instituts de Crédit Foncier en vue d'une revente *sans-profit* en faveur des susdits colons de même que le soi-disant Kulturföld ayant l'étendue de 37 1339/1600 jug. et le revenu capitalisé de celui-i soient cédé gratuitement au village Torontál-Keresztes, en même temps je prie Votre Majesté de daigner m'autoriser à confirmer les contrats de vente en question.

Qu'il me soit permis de présenter le projet d'une résolution suprême rédigée en ce sens et ci-joint sous No. 4, à Votre Majesté apostolique Impériale et Royale.

Budapest, le 1 er septembre 1913.

Béla Jankovics m. p.

Sur la proposition de mon Ministre hongrois des Cultes et de l'Instruction Publique, je permets que la terre constituant la propriété du Fonds des Cultes Hongrois et située au village Torontál-Keresztes et ayant l'étendue de 1720 1694/1600 jug. soit vendue au prix de 1,309.213 couronnes 14 fillers, que la terre située au village Székely-Józsefszállás et ayant l'étendue de 981 1533/1600 jug. soit vendue au prix de 562,705 couronnes 96 fillers et que la terre située au village Eötvösfalva et ayant l'étendue de 1084, 1128/1600 jug. soit vendue au prix de 637,770 couronnes 96 fillers à l'Association des Instituts de Crédit Foncier en vue d'une revente *sans profit* en faveur des colons de ces communes, en outre que les soi-disant Kulturföld situé au village Torontál-Keresztes et ayant l'étendue de 37, 1339/1600 jug. ainsi que le revenu capitalisé de cette terre soient cédés gratuitement au village Torontál-Keresztes en vue de fonder et d'entretenir une paroisse; en même temps j'autorise mon susnommé Ministre à confirmer les contrats de vente passés à cet effet.

Vienne, le 23. septembre 1913.

Béla Jankovics m. p. — *Francois Joseph* m. p.

Pour l'authenticité de la copie officielle:

L. S. — *Kálmán Balikó* m. p.
directeur de chancellerie.

65397/23.

Vu pour la légalisation de la signature du Ministère Hongrois des Cultes et de l'Instruction Publique apposée ci-dessus.

Budapest, le 6 avril 1923.

Pour le Ministre des Affaires Étrangères:

L. S. — *Otto de Jancovich* m. p.
conseiller ministériel.

La Légation Royale de Roumanie (section consulaire à Budapest) certifie le sceau du Ministère des Affaires Étrangères et la signature de M. Otto de Jancovich conseiller ministériel, apposés sur le présent acte.

P. Ministre — No. 13283.

Vice Consul — le 16 avril 1923.

L. S. *Montia* m. p. — 25 lei timbre consulaire. L. S.

No. 990/1923 leg.

La présente copie entièrement conforme à la copie présentée à moi aujourd'hui est légalisée par le soussigné notaire public.

Temesvár, le 31 juillet 1923.

Taxe 102 L, 25 b. — L. S. — *Dr. Titu Maïuy* m. p.
notaire public.

www.ingramcontent.com/pod-product-compliance
Ingram Content Group UK Ltd.
Pitfield, Milton Keynes, MK11 3LW, UK
UKHW022155260726
13993UKWH00005B/2387

9 782329 181240